Let's Go

written by Pam Holden

Are you a good swimmer? If you go to the beach you can learn to ride the waves. Surfing is fun.

2

You must have someone to help you.

You will need a small surfboard.
It will have a leg rope.

You can lie or stand on it.
There are fins under the board.

5

First you must learn all about the waves.
Watch the way the waves get big.
Then they break into white surf and
come in to the beach.

Look for waves that are coming straight. Watch how other surfers catch rides.

Go into the water with your helper. Put your board in the water and push it out. Jump over the white waves. Find a wave that has just broken.

Turn around and get on your board.
Get a push from your helper. Go!
Lie flat and enjoy the ride!

9

Go back out to where the waves are breaking. Take as many rides as you can.

Soon you will know how to paddle as a wave comes to you.

Next you will learn how to stand up. Your helper will show you the right way. You will push up with your arms.

Find out which way to stand. If you put your right foot in front, that is called goofy-footed. Some surfers like to put their left foot in front. Which way is best for you?

Get to know all about the waves.
Jump in front of a wave that is coming to you.
Stand up and put out your arms to balance.
Sometimes you will fall into the water!

Go surfing as often as you can. You will get better and better until you are a good surfer. Have fun!

DATOS PERSONALES

NOMBRE

APELLIDOS

DOMICILIO

TELÉFONO   MÓVIL

E-MAIL

DIRECCIÓN PROFESIONAL

TELÉFONO/FAX

E-MAIL

PÁGINA WEB

EN CASO DE ACCIDENTE AVISAR A

PAULO COELHO

SIMPLICIDAD

2022

Vintage Español
Penguin Random House Grupo Editorial USA

SIMPLICIDAD

¿Cómo empezar?
Silencio. El bullicio de la vida allí
fuera parecía suspenderse en la noche.
Las palabras, las ideas, los recuerdos y las historias
fueron las sendas que guiaron mis pasos.

2022

ENERO

	D	L	M	M	J	V	S
52							1
1	**2**	3	4	5	6	7	8
2	**9**	10	11	12	13	14	15
3	**16**	**17**	18	19	20	21	22
4	**23**	24	25	26	27	28	29
5	**30**	31					

FEBRERO

	D	L	M	M	J	V	S
5			1	2	3	4	5
6	**6**	7	8	9	10	11	12
7	**13**	**14**	15	16	17	18	19
8	**20**	**21**	22	23	24	25	26
9	**27**	28					

MARZO

	D	L	M	M	J	V	S
9			1	2	3	4	5
10	**6**	7	8	9	10	11	12
11	**13**	14	15	16	17	18	19
12	**20**	21	22	23	24	25	26
13	**27**	28	29	30	31		

ABRIL

	D	L	M	M	J	V	S
13						1	2
14	**3**	4	5	6	7	8	9
15	**10**	11	12	13	14	**15**	16
16	**17**	**18**	19	20	21	22	23
17	**24**	25	26	27	28	29	30

MAYO

	D	L	M	M	J	V	S
18	**1**	2	3	4	5	6	7
19	**8**	9	10	11	12	13	14
20	**15**	16	17	18	19	20	21
21	**22**	23	24	25	26	27	28
22	**29**	**30**	31				

JUNIO

	D	L	M	M	J	V	S
22				1	2	3	4
23	**5**	6	7	8	9	10	11
24	**12**	13	14	15	16	17	18
25	**19**	20	21	22	23	24	25
26	**26**	27	28	29	30		

JULIO

	D	L	M	M	J	V	S
26						1	2
27	**3**	**4**	5	6	7	8	9
28	**10**	11	12	13	14	15	16
29	**17**	18	19	20	21	22	23
30	**24**	25	26	27	28	29	30
31	**31**						

AGOSTO

	D	L	M	M	J	V	S
31		1	2	3	4	5	6
32	**7**	8	9	10	11	12	13
33	**14**	15	16	17	18	19	20
34	**21**	22	23	24	25	26	27
35	**28**	29	30	31			

SEPTIEMBRE

	D	L	M	M	J	V	S
35					1	2	3
36	**4**	**5**	6	7	8	9	10
37	**11**	12	13	14	15	16	17
38	**18**	19	20	21	22	23	24
39	**25**	26	27	28	29	30	

OCTUBRE

	D	L	M	M	J	V	S
39							1
40	**2**	3	4	5	6	7	8
41	**9**	**10**	11	12	13	14	15
42	**16**	17	18	19	20	21	22
43	**23**	24	25	26	27	28	29
44	**30**	31					

NOVIEMBRE

	D	L	M	M	J	V	S
44			1	2	3	4	5
45	**6**	7	8	9	10	**11**	12
46	**13**	14	15	16	17	18	19
47	**20**	21	22	23	**24**	25	26
48	**27**	28	29	30			

DICIEMBRE

	D	L	M	M	J	V	S
48					1	2	3
49	**4**	5	6	7	8	9	10
50	**11**	12	13	14	15	16	17
51	**18**	19	20	21	22	23	24
52	**25**	26	27	28	29	30	31

2023

ENERO

	D	L	M	M	J	V	S
1	**1**	2	3	4	5	6	7
2	**8**	9	10	11	12	13	14
3	**15**	**16**	17	18	19	20	21
4	**22**	23	24	25	26	27	28
5	**29**	30	31				

FEBRERO

	D	L	M	M	J	V	S
5				1	2	3	4
6	**5**	6	7	8	9	10	11
7	**12**	13	**14**	15	16	17	18
8	**19**	**20**	21	22	23	24	25
9	**26**	27	28				

MARZO

	D	L	M	M	J	V	S
9				1	2	3	4
10	**5**	6	7	8	9	10	11
11	**12**	13	14	15	16	17	18
12	**19**	20	21	22	23	24	25
13	**26**	27	28	29	30	31	

ABRIL

	D	L	M	M	J	V	S
13							1
14	**2**	3	4	5	6	**7**	8
15	**9**	**10**	11	12	13	14	15
16	**16**	17	18	19	20	21	22
17	**23**	24	25	26	27	28	29
18	**30**						

MAYO

	D	L	M	M	J	V	S
18		1	2	3	4	5	6
19	**7**	8	9	10	11	12	13
20	**14**	15	16	17	18	19	20
21	**21**	22	23	24	25	26	27
22	**28**	**29**	30	31			

JUNIO

	D	L	M	M	J	V	S
22					1	2	3
23	**4**	5	6	7	8	9	10
24	**11**	12	13	14	15	16	17
25	**18**	19	20	21	22	23	24
26	**25**	26	27	28	29	30	

JULIO

	D	L	M	M	J	V	S
26							1
27	**2**	3	**4**	5	6	7	8
28	**9**	10	11	12	13	14	15
29	**16**	17	18	19	20	21	22
30	**23**	24	25	26	27	28	29
31	**30**	31					

AGOSTO

	D	L	M	M	J	V	S
31			1	2	3	4	5
32	**6**	7	8	9	10	11	12
33	**13**	14	15	16	17	18	19
34	**20**	21	22	23	24	25	26
35	**27**	28	29	30	31		

SEPTIEMBRE

	D	L	M	M	J	V	S
35						1	2
36	**3**	**4**	5	6	7	8	9
37	**10**	11	12	13	14	15	16
38	**17**	18	19	20	21	22	23
39	**24**	25	26	27	28	29	30

OCTUBRE

	D	L	M	M	J	V	S
40	**1**	2	3	4	5	6	7
41	**8**	**9**	10	11	12	13	14
42	**15**	16	17	18	19	20	21
43	**22**	23	24	25	26	27	28
44	**29**	30	31				

NOVIEMBRE

	D	L	M	M	J	V	S
44				1	2	3	4
45	**5**	6	7	8	9	10	**11**
46	**12**	13	14	15	16	17	18
47	**19**	20	21	22	**23**	24	25
48	**26**	27	28	29	30		

DICIEMBRE

	D	L	M	M	J	V	S
48						1	2
49	**3**	4	5	6	7	8	9
50	**10**	11	12	13	14	15	16
51	**17**	18	19	20	21	22	23
52	**24**	**25**	26	27	28	29	30
1	**31**						

ENERO 2022

	D	L	M	M	J	V	S
52							**1**
1	**2** ●	3	4	5	6	7	8
2	**9** ☽	10	11	12	13	14	15
3	**16**	**17** ○	18	19	20	21	22
4	**23**	24	25 ☽	26	27	28	29
5	**30**	31					

1   Año Nuevo
17   Día de Martin Luther King Jr.

FEBRERO 2022

	D	L	M	M	J	V	S
5			1 ●	2	3	4	5
6	**6**	7	8 ☽	9	10	11	12
7	**13**	**14**	15	16 ○	17	18	19
8	**20**	**21**	22	23 ☽	24	25	26
9	**27**	28					

14   San Valentín
21   Día del Presidente (President's Day)

MARZO 2022

	D	L	M	M	J	V	S
9			1	2●	3	4	5
10	**6**	7	8	9	10◐	11	12
11	**13**	14	15	16	17	18○	19
12	**20**	21	22	23	24	25◑	26
13	**27**	28	29	30	31		

ABRIL 2022

	D	L	M	M	J	V	S
13						1●	2
14	**3**	4	5	6	7	8	9◐
15	**10**	11	12	13	14	**15**	16○
16	**17**	**18**	19	20	21	22	23◑
17	**24**	25	26	27	28	29	30●

15 Viernes Santo
17 Domingo de Resurrección
18 Lunes de Pascua

MAYO 2022

	D	L	M	M	J	V	S
18	**1**	2	3	4	5	6	7
19	**8** ◐	9	10	11	12	13	14
20	**15** ○	16	17	18	19	20	21
21	**22** ◑	23	24	25	26	27	28
22	**29**	**30** ●	31				

8   Día de la Madre
30   Día de Conmemoración
     (Memorial Day)

JUNIO 2022

	D	L	M	M	J	V	S
22				1	2	3	4
23	**5**	6	7 ◐	8	9	10	11
24	**12**	13	14 ○	15	16	17	18
25	**19**	20 ◑	21	22	23	24	25
26	**26**	27	28 ●	29	30		

19   Día del Padre

JULIO 2022

	D	L	M	M	J	V	S
26						1	2
27	**3**	**4**	5	6☽	7	8	9
28	**10**	11	12	13○	14	15	16
29	**17**	18	19	20☽	21	22	23
30	**24**	25	26	27	28●	29	30
31	**31**						

4   **Día de la Independencia E.E.U.U**
       (Independence Day)

AGOSTO 2022

	D	L	M	M	J	V	S
31		1	2	3	4	5☽	6
32	**7**	8	9	10	11	12○	13
33	**14**	15	16	17	18☽	19	20
34	**21**	22	23	24	25	26	27●
35	**28**	29	30	31			

SEPTIEMBRE 2022

	D	L	M	M	J	V	S
35					1	2	3◗
36	**4**	**5**	6	7	8	9	10○
37	**11**	12	13	14	15	16	17◗
38	**18**	19	20	21	22	23	24
39	**25**●	26	27	28	29	30	

5 Día del Trabajo (Labor Day)

OCTUBRE 2022

	D	L	M	M	J	V	S
39							1
40	**2**◗	3	4	5	6	7	8
41	**9**○	**10**	11	12	13	14	15
42	**16**	17◗	18	19	20	21	22
43	**23**	24●	23	26	27	28	29
44	**30**	31					

10 Día de la Hispanidad (Columbus Day)

NOVIEMBRE 2022

	D	L	M	M	J	V	S
44			1☾	2	3	4	5
45	6	7	8○	9	10	11	12
46	13	14	15	16◑	17	18	19
47	20	21	22	23● 24	25	26
48	27	28	29	30☽			

11 Día de los Veteranos
de Guerra (Veteran's Day)
25 Día de Acción de Gracias
(Thanksgiving Day)

DICIEMBRE 2022

	D	L	M	M	J	V	S
48					1	2	3
49	4	5	6	7○	8	9	10
50	11	12	13	14	15	16◑	17
51	18	19	20	21	22	23●	24
52	25	26	27	28	29☽	30	31

25 Navidad

ENERO

Creación

Enseñar es mostrar
qué es posible. Aprender es
volverse posible a sí mismo.

EL PEREGRINO DE COMPOSTELA

1 Sábado

El milagro de la Creación
se manifestaba por sí mismo.

MAKTUB

ENERO

52							1
1	**2**	3	4	5	6	7	8
2	**9**	10	11	12	13	14	15
3	**16**	**17**	18	19	20	21	22
4	**23**	24	25	26	27	28	29
5	**30**	31					

2 | Domingo

3 | Lunes

4 | Martes

No son las explicaciones las que nos hacen
avanzar; es nuestra voluntad de seguir adelante.

BRIDA

52							**1**
1	**2**	3	4	5	6	7	8
2	**9**	10	11	12	13	14	15
3	**16**	**17**	18	19	20	21	22
4	**23**	24	25	26	27	28	29
5	**30**	31					

5 | Miércoles

6 | Jueves

7 Viernes

8 Sábado

Una vida sin causa es una vida sin efecto.

ALEPH

52							**1**
1	**2**	3	4	5	6	7	8
2	**9**	10	11	12	13	14	15
3	**16**	**17**	18	19	20	21	22
4	**23**	24	25	26	27	28	29
5	**30**	31					

9 Domingo

10 | Lunes

11 | Martes

La derrota termina cuando volvemos
de nuevo al combate. El fracaso no tiene un final:
es una elección vital.

EL MANUSCRITO ENCONTRADO EN ACCRA

52							1
1	**2**	3	4	5	6	7	8
2	**9**	10	11	12	13	14	15
3	**16**	**17**	18	19	20	21	22
4	**23**	24	25	26	27	28	29
5	**30**	31					

12 | Miércoles

13 | Jueves

14 | Viernes

15 | Sábado

Sólo quien encuentra
vida puede encontrar tesoros.

EL ALQUIMISTA

ENERO

							1
52							
1	2	3	4	5	6	7	8
2	9	10	11	12	13	14	15
3	16	17	18	19	20	21	22
4	23	24	25	26	27	28	29
5	30	31					

16 | Domingo

17 Lunes

18 Martes

La obra de Dios está en los más insignificantes
detalles de la Creación.

CRÓNICA - EL CÍRCULO DE LA ALEGRÍA

52							**1**
1	**2**	3	4	5	6	7	8
2	**9**	10	11	12	13	14	15
3	**16**	**17**	18	19	20	21	22
4	**23**	24	25	26	27	28	29
5	**30**	31					

19 | Miércoles

20 | Jueves

21 Viernes

22 Sábado

El amor es suficiente para justificar
toda una existencia.

LA BRUJA DE PORTOBELLO

52   **1**
1 **2** 3 4 5 6 7 8
2 **9** 10 11 12 13 14 15
3 **16** **17** 18 19 20 21 22
4 **23** 24 25 26 27 28 29
5 **30** 31

23 | Domingo

24 Lunes

25 Martes

La esencia de la Creación es una sola.
Y esta esencia se llama Amor.

BRIDA

ENERO

52							**1**
1	**2**	3	4	5	6	7	8
2	**9**	10	11	12	13	14	15
3	**16**	**17**	18	19	20	21	22
4	**23**	24	25	26	27	28	29
5	**30**	31					

26 | Miércoles

27 | Jueves

28 | Viernes

29 | Sábado

Eso que llamamos «vida» es un tren con muchos vagones.
A veces estamos en uno, a veces en otro. Otras veces pasamos
de uno a otro, cuando soñamos o cuando nos dejamos llevar
por lo extraordinario.

ALEPH

52							1
1	**2**	3	4	5	6	7	8
2	**9**	10	11	12	13	14	15
3	**16**	**17**	18	19	20	21	22
4	**23**	24	25	26	27	28	29
5	**30**	31					

30 | Domingo

31 Lunes

Las pequeñas cosas son las responsables
de los grandes cambios.

EL MANUSCRITO ENCONTRADO EN ACCRA

52							1
1	**2**	3	4	5	6	7	8
2	**9**	10	11	12	13	14	15
3	**16**	**17**	18	19	20	21	22
4	**23**	24	25	26	27	28	29
5	**30**	31					

FEBRERO

Humildad

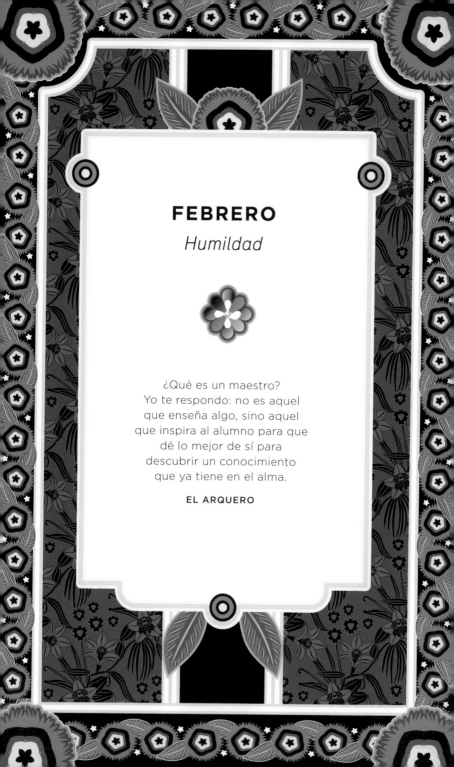

¿Qué es un maestro?
Yo te respondo: no es aquel
que enseña algo, sino aquel
que inspira al alumno para que
dé lo mejor de sí para
descubrir un conocimiento
que ya tiene en el alma.

EL ARQUERO

1 Martes

Todas las personas sobre la faz de la Tierra
tienen un don. En algunas ese don se manifiesta
espontáneamente; otras necesitan trabajar
para encontrarlo.

A ORILLAS DEL RÍO PIEDRA ME SENTÉ Y LLORÉ

Semana 5

FEBRERO

5		1	2	3	4	5
6	**6** 7	8	9	10	11	12
7	**13 14**	15	16	17	18	19
8	**20 21**	22	23	24	25	26
9	**27** 28					

2 | Miércoles

3 | Jueves

4 Viernes

5 Sábado

Sólo el que acepta con humildad y coraje
el impenetrable plan de Dios sabe que está
en el camino correcto.

EL MANUSCRITO ENCONTRADO EN ACCRA

5		1	2	3	4	5
6	**6** 7	8	9	10	11	12
7	**13** **14**	15	16	17	18	19
8	**20** **21**	22	23	24	25	26
9	**27** 28					

6 | Domingo

7 | Lunes

8 | Martes

Cuando quieras saber alguna cosa,
zambúllete en ella.

BRIDA

FEBRERO

5		1	2	3	4	5
6	**6** 7	8	9	10	11	12
7	**13** **14** 15	16	17	18	19
8	**20** **21** 22	23	24	25	26
9	**27** 28					

9 Miércoles

10 Jueves

11 Viernes

12 Sábado

Hay algo que todos debemos tener muy claro;
no podemos confundir la humildad con la falsa
modestia ni con el servilismo.

CRÓNICA - HISTORIAS SOBRE LA VERDADERA HUMILDAD

FEBRERO

		1	2	3	4	5
5						
6	**6**	7	8	9	10	11	12
7	**13**	**14**	15	16	17	18	19
8	**20**	**21**	22	23	24	25	26
9	**27**	28					

13 | Domingo

14 | Lunes

_____

15 | Martes

_____

La vida estaba hecha de cosas simples,
estaba cansado de todos esos años buscando
algo que no sabía qué era.

ONCE MINUTOS

F E B R E R O

5		1	2	3	4	5
6	**6**	7	8	9	10	11	12
7	**13**	**14**	15	16	17	18	19
8	**20**	**21**	22	23	24	25	26
9	**27**	28					

16 Miércoles

17 Jueves

18 Viernes

19 Sábado

Para olvidar las reglas,
hay que conocerlas y respetarlas.

LA BRUJA DE PORTOBELLO

FEBRERO

5		1	2	3	4	5
6	**6**	7	8	9	10	11	12
7	**13**	**14**	15	16	17	18	19
8	**20**	**21**	22	23	24	25	26
9	**27**	28

20 | Domingo

21 Lunes

22 Martes

El poder de la voluntad no transforma
al hombre. El amor, sí.

EL DON SUPREMO

FEBRERO

5			1	2	3	4	5
6	**6**	7	8	9	10	11	12
7	**13**	**14**	15	16	17	18	19
8	**20**	**21**	22	23	24	25	26
9	**27**	28					

23 | Miércoles

24 | Jueves

25 Viernes

26 Sábado

El éxito no nos lo brinda el reconocimiento ajeno.
Es el resultado de aquello que plantaste con amor.

EL MANUSCRITO ENCONTRADO EN ACCRA

5			1	2	3	4	5
6	**6**	7	8	9	10	11	12
7	**13**	**14**	15	16	17	18	19
8	**20**	**21**	22	23	24	25	26
9	**27**	28					

27 Domingo

28 Lunes

Aunque la disciplina es importante, debe dejar
las puertas y ventanas abiertas a la intuición
y a lo inesperado.

EL MANUSCRITO ENCONTRADO EN ACCRA

FEBRERO

			1	2	3	4	5
5							
6	**6**	7	8	9	10	11	12
7	**13**	**14**	15	16	17	18	19
8	**20**	**21**	22	23	24	25	26
9	**27**	28					

MARZO

Silencio

La música no es
una sucesión de notas.
Es el paso constante
de una nota entre el sonido
y el silencio.

ALEPH

---

1 | Martes

Vive todo intensamente, y guarda lo que sentiste
como una dádiva de Dios.

BRIDA

MARZO

9			1	2	3	4	5
10	**6**	7	8	9	10	11	12
11	**13**	14	15	16	17	18	19
12	**20**	21	22	23	24	25	26
13	**27**	28	29	30	31		

2 Miércoles

3 Jueves

4 Viernes

5 Sábado

El desierto es tan grande y los horizontes
tan lejanos que hacen que uno se sienta pequeño
y permanezca en silencio.

EL ALQUIMISTA

MARZO

9		1	2	3	4	5
10	**6**	7	8	9	10	11	12
11	**13**	14	15	16	17	18	19
12	**20**	21	22	23	24	25	26
13	**27**	28	29	30	31		

6 Domingo

7 | Lunes

8 | Martes

El amor es un acto de fe en otra persona
y su rostro debe estar siempre cubierto de misterio.

LA ESPÍA

MARZO

			1	2	3	4	5
9							
10	**6**	7	8	9	10	11	12
11	**13**	14	15	16	17	18	19
12	**20**	21	22	23	24	25	26
13	**27**	28	29	30	31		

9 Miércoles

10 Jueves

11 | Viernes

12 | Sábado

Respeta el tiempo entre la siembra
y la cosecha.

EL MANUSCRITO ENCONTRADO EN ACCRA

MARZO

9			1	2	3	4	5
10	**6**	7	8	9	10	11	12
11	**13**	14	15	16	17	18	19
12	**20**	21	22	23	24	25	26
13	**27**	28	29	30	31		

13 | Domingo

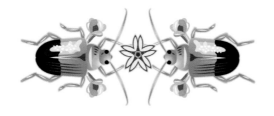

14 Lunes

15 Martes

Sólo quien escucha el ruido del presente
puede tomar la decisión correcta.

EL PEREGRINO DE COMPOSTELA

MARZO

9			1	2	3	4	5
10	**6**	7	8	9	10	11	12
11	**13**	14	15	16	17	18	19
12	**20**	21	22	23	24	25	26
13	**27**	28	29	30	31		

16 Miércoles

17 Jueves

18 Viernes

19 Sábado

El silencio puede traducirse en palabras.

HIPPIE

MARZO

			1	2	3	4	5
9							
10	**6**	7	8	9	10	11	12
11	**13**	14	15	16	17	18	19
12	**20**	21	22	23	24	25	26
13	**27**	28	29	30	31		

20 | Domingo

21 Lunes

22 Martes

Sólo los cobardes se esconden
detrás del silencio.

EL DEMONIO Y LA SEÑORITA PRYM

Semana 12

9   1   2   3   4   5
10   **6**   7   8   9   10 11 12
11   **13** 14 15 16 17 18 19
12   **20** 21 22 23 24 25 26
13   **27** 28 29 30 31

23 | Miércoles

24 | Jueves

25 Viernes

26 Sábado

De vez en cuando, en el silencio de nuestros
corazones, nos decimos a nosotros mismos:
«Qué bueno sería ser libre, no tener
ningún compromiso».

EL ZAHIR

M A R Z O

9		1	2	3	4	5
10	**6**	7	8	9	10	11	12
11	**13**	14	15	16	17	18	19
12	**20**	21	22	23	24	25	26
13	**27**	28	29	30	31	

27 Domingo

28 Lunes

29 Martes

Escuchó a su corazón. Y el desierto escuchó
su angustia. Ambos hablaban la misma lengua.

EL ALQUIMISTA

MARZO

9			1	2	3	4	5
10	**6**	7	8	9	10	11	12
11	**13**	14	15	16	17	18	19
12	**20**	21	22	23	24	25	26
13	**27**	28	29	30	31		

30 | Miércoles

31 | Jueves

ABRIL

Grandeza

Éste es el momento
más difícil de la vida
de un hombre: cuando
él está viendo el Buen
Combate y se siente
incapaz de cambiar
de vida e ir al combate.

**EL PEREGRINO
DE COMPOSTELA**

1 Viernes

2 Sábado

¿Y qué es lo que te hace pensar que nosotros,
con todo nuestro camino y nuestra dedicación, comprendemos
el Universo mejor que los otros?

BRIDA

ABRIL

13						1	2
14	**3**	4	5	6	7	8	9
15	**10**	11	12	13	14	**15**	16
16	**17**	**18**	19	20	21	22	23
17	**24**	25	26	27	28	29	30

3 | Domingo

4 Lunes

5 Martes

Ningún corazón jamás sufrió cuando fue
en busca de sus sueños, porque cada momento de búsqueda
es un momento de encuentro con Dios y con la Eternidad.

EL ALQUIMISTA

13						1	2
14	**3**	4	5	6	7	8	9
15	**10**	11	12	13	14	**15**	16
16	**17**	**18**	19	20	21	22	23
17	**24**	25	26	27	28	29	30

6 | Miércoles

7 | Jueves

8 | Viernes
_____

9 | Sábado
_____

El arte de la paz es imbatible, porque nadie lucha
contra nadie, sólo con uno mismo. Véncete
a ti mismo, y vencerás al mundo.

ALEPH

ABRIL

13						1	2
14	**3**	4	5	6	7	8	9
15	**10**	11	12	13	14	**15**	16
16	**17**	**18**	19	20	21	22	23
17	**24**	25	26	27	28	29	30

10 | Domingo

11 Lunes

12 Martes

Cuando amamos y creemos desde el fondo de nuestra alma
en algo, nos sentimos más fuertes que el mundo,
y sentimos una serenidad que nace de la seguridad
de que nada podrá vencer nuestra fe.

EL PEREGRINO DE COMPOSTELA

ABRIL

13						1	2
14	**3**	4	5	6	7	8	9
15	**10**	11	12	13	14	**15**	16
16	**17**	**18**	19	20	21	22	23
17	**24**	25	26	27	28	29	30

13 | Miércoles

14 | Jueves

15 Viernes

16 Sábado

Es grave querer ser igual porque eso
es forzar a la naturaleza.

VERONIKA DECIDE MORIR

ABRIL

13						1	2
14	**3**	4	5	6	7	8	9
15	**10**	11	12	13	14	**15**	16
16	**17**	**18**	19	20	21	22	23
17	**24**	25	26	27	28	29	30

17 | Domingo

18 | Lunes

19 | Martes

El que no comparte con los demás las alegrías
y los momentos de desánimo jamás conocerá
sus propias cualidades ni sus defectos.

EL MANUSCRITO ENCONTRADO EN ACCRA

ABRIL

13					1	2
14	**3**	4	5	6	7	8	9
15	**10**	11	12	13	14	**15**	16
16	**17**	**18**	19	20	21	22	23
17	**24**	25	26	27	28	29	30

20 | Miércoles

21 | Jueves

22 Viernes

23 Sábado

Las cosas más sofisticadas del mundo
son precisamente aquellas que están
al alcance de todos.

ALEPH

ABRIL

13						1	2
14	**3**	4	5	6	7	8	9
15	**10**	11	12	13	14	**15**	16
16	**17**	**18**	19	20	21	22	23
17	**24**	25	26	27	28	29	30

24 | Domingo

25 Lunes

26 Martes

La condición humana nos hace compartir sólo
aquello que tenemos de mejor porque siempre
buscamos amor, aceptación.

EL ZAHIR

27 | Miércoles

28 | Jueves

29 Viernes

30 Sábado

Las cosas simples son las más extraordinarias.

EL ALQUIMISTA

ABRIL

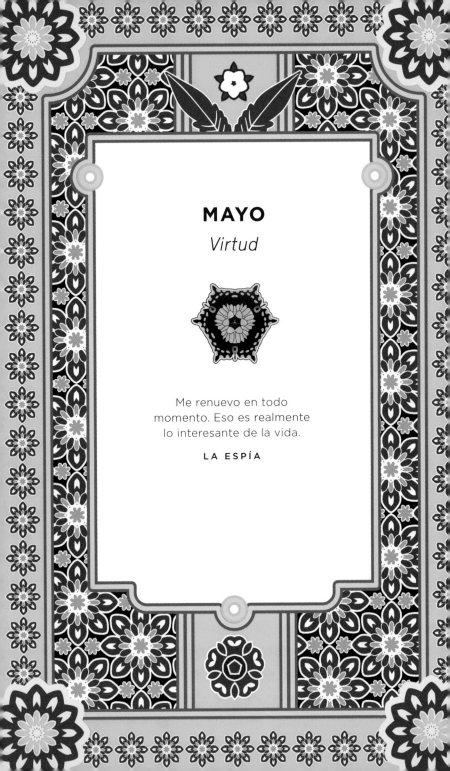

MAYO

Virtud

Me renuevo en todo
momento. Eso es realmente
lo interesante de la vida.

LA ESPÍA

La primera gran virtud del que busca
el Camino Espiritual: coraje.

VALQUIRIAS

MAYO

18	**1**	2	3	4	5	6	7
19	**8**	9	10	11	12	13	14
20	**15**	16	17	18	19	20	21
21	**22**	23	24	25	26	27	28
22	**29**	**30**	31				

1 Domingo

2 | Lunes

3 | Martes

Me gustaría no controlar
mi corazón.

A ORILLAS DEL RÍO PIEDRA ME SENTÉ Y LLORÉ

MAYO

18	**1**	2	3	4	5	6	7
19	**8**	9	10	11	12	13	14
20	**15**	16	17	18	19	20	21
21	**22**	23	24	25	26	27	28
22	**29**	**30**	31				

4 | Miércoles

5 | Jueves

6 Viernes

7 Sábado

Una vida nunca es inútil. Cada alma venida
a la Tierra tiene una razón para estar aquí.

EL MANUSCRITO ENCONTRADO EN ACCRA

MAYO

18	**1**	2	3	4	5	6	7
19	**8**	9	10	11	12	13	14
20	**15**	16	17	18	19	20	21
21	**22**	23	24	25	26	27	28
22	**29**	**30**	31				

8 | Domingo

9 Lunes

10 Martes

Alguien dijo que la tierra produce lo suficiente
para satisfacer la necesidad, y no la avaricia.

VALQUIRIAS

MAYO

18	**1**	2	3	4	5	6	7
19	**8**	9	10	11	12	13	14
20	**15**	16	17	18	19	20	21
21	**22**	23	24	25	26	27	28
22	**29**	**30**	31				

11 | Miércoles

12 | Jueves

13 | Viernes

14 | Sábado

Cuando el iniciante está consciente
de sus necesidades, termina siendo más
inteligente que el sabio distraído.

MANUAL DEL GUERRERO DE LA LUZ

MAYO

18	**1**	2	3	4	5	6	7
19	**8**	9	10	11	12	13	14
20	**15**	16	17	18	19	20	21
21	**22**	23	24	25	26	27	28
22	**29**	**30**	31				

15 | Domingo

16 | Lunes
_____

_____
_____
_____
_____
_____
_____
_____
_____
_____
_____

17 | Martes
_____

_____
_____
_____
_____
_____
_____
_____
_____
_____
_____

El que ama no destruye ni se deja destruir.

ALEPH

MAYO

18	**1**	2	3	4	5	6	7
19	**8**	9	10	11	12	13	14
20	**15**	16	17	18	19	20	21
21	**22**	23	24	25	26	27	28
22	**29**	**30**	31				

18 | Miércoles

19 | Jueves

20 Viernes

21 Sábado

La desobediencia puede ser una virtud
cuando sabemos usarla.

EL MANUSCRITO ENCONTRADO EN ACCRA

MAYO

18	**1**	2	3	4	5	6	7
19	**8**	9	10	11	12	13	14
20	**15**	16	17	18	19	20	21
21	**22**	23	24	25	26	27	28
22	**29**	**30**	31				

22 | Domingo

23 Lunes

24 Martes

En toda relación humana, lo más importante
es hablar; pero la gente ya no se sienta a charlar
y a escuchar a los demás.

EL ZAHIR

MAYO

25 | Miércoles

26 | Jueves

27 Viernes

28 Sábado

Cuando menos lo esperamos, la vida nos coloca
delante un desafío que pone a prueba nuestro
coraje y nuestra voluntad de cambio.

EL DEMONIO Y LA SEÑORITA PRYM

MAYO

18	**1**	2	3	4	5	6	7
19	**8**	9	10	11	12	13	14
20	**15**	16	17	18	19	20	21
21	**22**	23	24	25	26	27	28
22	**29**	**30**	31				

29 | Domingo

30 | Lunes

31 | Martes

Había ciertos momentos en los que
era preciso aceptar el misterio, y entender
que cada uno tenía un don.

VALQUIRIAS

18	**1**	2	3	4	5	6	7
19	**8**	9	10	11	12	13	14
20	**15**	16	17	18	19	20	21
21	**22**	23	24	25	26	27	28
22	**29**	**30**	31				

JUNIO

Invisible

No todo el mundo necesita
ser feliz todo el tiempo.
De hecho, nadie en este
mundo puede. Hay que
aprender a lidiar con
la realidad de la vida.

ADULTERIO

Para penetrar en el mundo invisible,
desarrollar tus poderes, tienes que vivir
el presente, aquí y ahora.

VALQUIRIAS

JUNIO

22				1	2	3	4
23	**5**	6	7	8	9	10	11
24	**12**	13	14	15	16	17	18
25	**19**	20	21	22	23	24	25
26	**26**	27	28	29	30		

1 | Miércoles

2 | Jueves

3 Viernes

4 Sábado

Todo en este mundo es sagrado.
Y un grano de arena puede ser un puente
hacia lo invisible.

BRIDA

JUNIO

22				1	2	3	4
23	**5**	6	7	8	9	10	11
24	**12**	13	14	15	16	17	18
25	**19**	20	21	22	23	24	25
26	**26**	27	28	29	30		

5 | Domingo

6 Lunes

7 Martes

Existe un lenguaje que va
más allá de las palabras.

EL ALQUIMISTA

JUNIO

22				1	2	3	4
23	**5**	6	7	8	9	10	11
24	**12**	13	14	15	16	17	18
25	**19**	20	21	22	23	24	25
26	**26**	27	28	29	30		

8 | Miércoles

9 | Jueves

10 | Viernes

11 | Sábado

Que podamos seguir adelante, a pesar de todo
el miedo, y aceptar lo inexplicable, a pesar
de nuestra necesidad de explicarlo y conocerlo todo.

EL MANUSCRITO ENCONTRADO EN ACCRA

22				1	2	3	4
23	**5**	6	7	8	9	10	11
24	**12**	13	14	15	16	17	18
25	**19**	20	21	22	23	24	25
26	**26**	27	28	29	30		

12 | Domingo

13 Lunes

14 Martes

Sólo entendemos del todo el milagro de la vida
cuando dejamos que suceda lo inesperado.

A ORILLAS DEL RÍO PIEDRA ME SENTÉ Y LLORÉ

22				1	2	3	4
23	**5**	6	7	8	9	10	11
24	**12**	13	14	15	16	17	18
25	**19**	20	21	22	23	24	25
26	**26**	27	28	29	30		

15 Miércoles

16 Jueves

17 Viernes

18 Sábado

Todo ser humano sabía, inconscientemente, que existía
un puente hacia lo invisible al alcance de sus manos,
por el que podía pasar sin miedo.

VALQUIRIAS

JUNIO

22			1	2	3	4
23	**5**	6	7	8	9	10	11
24	**12**	13	14	15	16	17	18
25	**19**	20	21	22	23	24	25
26	**26**	27	28	29	30		

19 | Domingo

20 | Lunes

21 | Martes

La fe nos muestra que en ningún
momento estamos solos.

EL MANUSCRITO ENCONTRADO EN ACCRA

JUNIO

22				1	2	3	4
23	**5**	6	7	8	9	10	11
24	**12**	13	14	15	16	17	18
25	**19**	20	21	22	23	24	25
26	**26**	27	28	29	30		

22 | Miércoles

23 | Jueves

24 Viernes

25 Sábado

Si las palabras estuvieran todas unidas, no tendrían
sentido, o sería muy complicado entenderlas:
tiene que haber espacios entre ellas.

LA BRUJA DE PORTOBELLO

Semana 26

J U N I O

22				1	2	3	4
23	**5**	6	7	8	9	10	11
24	**12**	13	14	15	16	17	18
25	**19**	20	21	22	23	24	25
26	**26**	27	28	29	30		

26 | Domingo

27 Lunes

28 Martes

El deseo no es lo que ves, sino aquello
que imaginas.

ONCE MINUTOS

JUNIO

22			1	2	3	4
23	**5**	6	7	8	9	10	11
24	**12**	13	14	15	16	17	18
25	**19**	20	21	22	23	24	25
26	**26**	27	28	29	30		

29 | Miércoles

30 | Jueves

JULIO

Paciencia

Nadie puede juzgar.
Sólo uno sabe la dimensión
de su propio sufrimiento,
o de la ausencia total
del sentido de su vida.

VERONIKA DECIDE MORIR

1 Viernes

2 Sábado

Tener paciencia para esperar el momento justo
de actuar. Sabiduría para no dejar escapar
la siguiente oportunidad.

EL MANUSCRITO ENCONTRADO EN ACCRA

26						1	2
27	**3**	**4**	5	6	7	8	9
28	**10**	11	12	13	14	15	16
29	**17**	18	19	20	21	22	23
30	**24**	25	26	27	28	29	30
31	**31**						

3 Domingo

4 Lunes

5 Martes

Es necesario buscar el amor donde esté,
aunque eso signifique horas, días,
semanas de decepción y tristeza.

A ORILLAS DEL RÍO PIEDRA ME SENTÉ Y LLORÉ

26						1	2
27	**3**	**4**	5	6	7	8	9
28	**10**	11	12	13	14	15	16
29	**17**	18	19	20	21	22	23
30	**24**	25	26	27	28	29	30
31	**31**						

6 Miércoles

7 Jueves

8 Viernes

9 Sábado

La fe y el amor no se discuten.

A ORILLAS DEL RÍO PIEDRA ME SENTÉ Y LLORÉ

JULIO

26					1	2
27	**3**	**4**	5	6	7	8	9
28	**10**	11	12	13	14	15	16
29	**17**	18	19	20	21	22	23
30	**24**	25	26	27	28	29	30
31	**31**					

10 | Domingo

11 | Lunes

12 | Martes

Aunque no podamos controlar el tiempo de Dios,
forma parte de la condición humana
que deseemos recibir lo más rápido posible
aquello que esperamos.

EL MANUSCRITO ENCONTRADO EN ACCRA

JULIO

						1	2
26							
27	**3**	**4**	5	6	7	8	9
28	**10**	11	12	13	14	15	16
29	**17**	18	19	20	21	22	23
30	**24**	25	26	27	28	29	30
31	**31**						

13 | Miércoles

14 | Jueves

15 Viernes

16 Sábado

Cuando Dios quiere enloquecer a alguien,
satisface todos sus deseos.

VALQUIRIAS

JULIO

							1	2
26								
27	**3**	**4**	5	6	7	8	9	
28	**10**	11	12	13	14	15	16	
29	**17**	18	19	20	21	22	23	
30	**24**	25	26	27	28	29	30	
31	**31**							

17 Domingo

18 | Lunes

19 | Martes

El amor es paciencia.

EL DON SUPREMO

JULIO

26					1	2
27	**3**	**4**	5	6	7	8	9
28	**10**	11	12	13	14	15	16
29	**17**	18	19	20	21	22	23
30	**24**	25	26	27	28	29	30
31	**31**					

20 | Miércoles

21 | Jueves

22 | Viernes

23 | Sábado

Hay momentos en que las tribulaciones
se presentan en nuestras vidas y no podemos
evitarlas. Pero están allí por algún motivo.

LA QUINTA MONTAÑA

26						1	2
27	**3**	**4**	5	6	7	8	9
28	**10**	11	12	13	14	15	16
29	**17**	18	19	20	21	22	23
30	**24**	25	26	27	28	29	30
31	**31**						

24 | Domingo

25 Lunes

26 Martes

El amor sólo consigue sobrevivir cuando existe
la esperanza —por lejana que sea— de que
conquistaremos a la persona amada.

A ORILLAS DEL RÍO PIEDRA ME SENTÉ Y LLORÉ

26						1	2
27	**3**	**4**	5	6	7	8	9
28	**10**	11	12	13	14	15	16
29	**17**	18	19	20	21	22	23
30	**24**	25	26	27	28	29	30
31	**31**						

27 | Miércoles

28 | Jueves

29 Viernes

30 Sábado

¿Por qué la paciencia es tan importante?
Porque nos hace prestar atención.

LA BRUJA DE PORTOBELLO

26						1	2
27	**3**	**4**	5	6	7	8	9
28	**10**	11	12	13	14	15	16
29	**17**	18	19	20	21	22	23
30	**24**	25	26	27	28	29	30
31	**31**						

31 | Domingo

AGOSTO

Vital

Lo extraordinario reside
en el Camino de las Personas
Comunes. Hoy en día,
comprender esto es lo más valioso
que poseo en mi vida, me permite
hacer cualquier cosa y me
acompañará por siempre.

EL PEREGRINO DE COMPOSTELA

1 Lunes

2 Martes

Escuche a su ángel de la guarda. Transfórmese.
Sea un guerrero, y sea feliz en el combate.

A ORILLAS DEL RÍO PIEDRA ME SENTÉ Y LLORÉ

A G O S T O

31		1	2	3	4	5	6
32	**7**	8	9	10	11	12	13
33	**14**	15	16	17	18	19	20
34	**21**	22	23	24	25	26	27
35	**28**	29	30	31			

3 Miércoles

4 Jueves

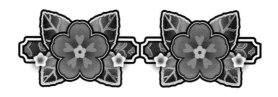

5 Viernes

6 Sábado

Debemos tener un objetivo muy claro
a la hora de dar cualquier paso.

ADULTERIO

AGOSTO

31		1	2	3	4	5	6
32	**7**	8	9	10	11	12	13
33	**14**	15	16	17	18	19	20
34	**21**	22	23	24	25	26	27
35	**28**	29	30	31			

7 | Domingo

8 Lunes

9 Martes

¡Si quieren ser creativos, dejen un poco
de lado que tienen experiencia!

EL VENCEDOR ESTÁ SOLO

AGOSTO

31		1	2	3	4	5	6
32	**7**	8	9	10	11	12	13
33	**14**	15	16	17	18	19	20
34	**21**	22	23	24	25	26	27
35	**28**	29	30	31			

10 Miércoles

11 Jueves

12 Viernes

13 Sábado

El amor no hace muchas preguntas, porque si
empezamos a pensar empezamos a tener miedo.

A ORILLAS DEL RÍO PIEDRA ME SENTÉ Y LLORÉ

A G O S T O

31		1	2	3	4	5	6
32	**7**	8	9	10	11	12	13
33	**14**	15	16	17	18	19	20
34	**21**	22	23	24	25	26	27
35	**28**	29	30	31			

14 | Domingo

15 Lunes

16 Martes

El que trate de buscar siempre una explicación
para las mágicas y misteriosas relaciones humanas
se perderá lo mejor que la vida puede ofrecerle.

ADULTERIO

AGOSTO

31		1	2	3	4	5	6
32	**7**	8	9	10	11	12	13
33	**14**	15	16	17	18	19	20
34	**21**	22	23	24	25	26	27
35	**28**	29	30	31			

17 Miércoles

18 Jueves

19 Viernes

20 Sábado

El amor es el secreto de la vida.

EL DON SUPREMO

AGOSTO

31		1	2	3	4	5	6
32	**7**	8	9	10	11	12	13
33	**14**	15	16	17	18	19	20
34	**21**	22	23	24	25	26	27
35	**28**	29	30	31			

21 Domingo

22 Lunes

23 Martes

Nacemos de una semilla, crecemos, envejecemos,
morimos, volvemos a la tierra y nos convertimos
de nuevo en la semilla, que, tarde o temprano,
volverá a reencarnarse en otra persona.

HIPPIE

A G O S T O

31		1	2	3	4	5	6
32	**7**	8	9	10	11	12	13
33	**14**	15	16	17	18	19	20
34	**21**	22	23	24	25	26	27
35	**28**	29	30	31			

24 | Miércoles

25 | Jueves

26 Viernes

27 Sábado

Nadie logra mentir, nadie logra ocultar
nada cuando mira directo a los ojos.

A ORILLAS DEL RÍO PIEDRA ME SENTÉ Y LLORÉ

AGOSTO

31		1	2	3	4	5	6
32	**7**	8	9	10	11	12	13
33	**14**	15	16	17	18	19	20
34	**21**	22	23	24	25	26	27
35	**28**	29	30	31			

28 | Domingo

29 | Lunes

30 | Martes

El que no reconoce la puerta de sus problemas,
la deja abierta y las tragedias pueden entrar.

EL VENCEDOR ESTÁ SOLO

AGOSTO

31		1	2	3	4	5	6
32	**7**	8	9	10	11	12	13
33	**14**	15	16	17	18	19	20
34	**21**	22	23	24	25	26	27
35	**28**	29	30	31			

31 | Miércoles

SEPTIEMBRE

Dulzura

El verdadero amor
supone un acto
de entrega total.

**A ORILLAS DEL RÍO PIEDRA
ME SENTÉ Y LLORÉ**

El que ama quiere ver al amado feliz. Si en un primer momento
temió por él, el orgullo de verlo haciendo lo que le gusta,
yendo hacia donde soñó llegar.

EL MANUSCRITO ENCONTRADO EN ACCRA

Semana 35

35					1	2	3
36	**4**	**5**	6	7	8	9	10
37	**11**	12	13	14	15	16	17
38	**18**	19	20	21	22	23	24
39	**25**	26	27	28	29	30	

1 | Jueves

2 Viernes

3 Sábado

El miedo hace que nos dé vergüenza
mostrar nuestro afecto.

A ORILLAS DEL RÍO PIEDRA ME SENTÉ Y LLORÉ

SEPTIEMBRE

35					1	2	3
36	**4**	**5**	6	7	8	9	10
37	**11**	12	13	14	15	16	17
38	**18**	19	20	21	22	23	24
39	**25**	26	27	28	29	30	

4 | Domingo

5 Lunes

6 Martes

La felicidad no es un bien que se multiplique en
cautiverio y nada que disminuya cuando se da.
Al contrario, solamente sembrando felicidad
conseguimos aumentar nuestra cuota.

EL DON SUPREMO

SEPTIEMBRE

35				1	2	3
36	**4**	**5**	6	7	8	9	10
37	**11**	12	13	14	15	16	17
38	**18**	19	20	21	22	23	24
39	**25**	26	27	28	29	30

7 | Miércoles

8 | Jueves

9 Viernes

10 Sábado

Por primera vez voy a sonreír sin culpa,
porque la alegría no es un pecado.

EL MANUSCRITO ENCONTRADO EN ACCRA

SEPTIEMBRE

35				1	2	3
36	**4**	**5**	6	7	8	9	10
37	**11**	12	13	14	15	16	17
38	**18**	19	20	21	22	23	24
39	**25**	26	27	28	29	30

11 | Domingo

12 Lunes

13 Martes

El guerrero de la luz contempla
la vida con dulzura y firmeza.

MANUAL DEL GUERRERO DE LA LUZ

SEPTIEMBRE

35					1	2	3
36	**4**	**5**	6	7	8	9	10
37	**11**	12	13	14	15	16	17
38	**18**	19	20	21	22	23	24
39	**25**	26	27	28	29	30	

14 Miércoles

15 Jueves

16 Viernes

17 Sábado

La dulzura es una de las principales
características del amor.

MAKTUB

SEPTIEMBRE

35				1	2	3
36	**4**	**5**	6	7	8	9	10
37	**11**	12	13	14	15	16	17
38	**18**	19	20	21	22	23	24
39	**25**	26	27	28	29	30

18 | Domingo

19 Lunes

20 Martes

En este mundo nada tiene importancia, excepto
amar. Éste fue el amor que Jesús sintió
por la humanidad.

EL PEREGRINO DE COMPOSTELA

SEPTIEMBRE

35					1	2	3
36	**4**	**5**	6	7	8	9	10
37	**11**	12	13	14	15	16	17
38	**18**	19	20	21	22	23	24
39	**25**	26	27	28	29	30	

21 | Miércoles

22 | Jueves

23 Viernes

24 Sábado

Que podamos tener humildad a la hora
de recibir y alegría en el momento de dar.

EL MANUSCRITO ENCONTRADO EN ACCRA

SEPTIEMBRE

					1	2	3
35							
36	**4**	**5**	6	7	8	9	10
37	**11**	12	13	14	15	16	17
38	**18**	19	20	21	22	23	24
39	**25**	26	27	28	29	30	

25 | Domingo

26 | Lunes

27 | Martes

Nuestro tiempo en esta tierra es sagrado,
y debemos celebrar cada momento.

LA BRUJA DE PORTOBELLO

SEPTIEMBRE

35				1	2	3
36	**4**	**5**	6	7	8	9	10
37	**11**	12	13	14	15	16	17
38	**18**	19	20	21	22	23	24
39	**25**	26	27	28	29	30

28 | Miércoles

29 | Jueves

30 | Viernes

Cuando el alma camina de acuerdo
con sus sueños, ella alegra a Dios.

MAKTUB

SEPTIEMBRE

35				1	2	3
36	**4**	**5**	6	7	8	9	10
37	**11**	12	13	14	15	16	17
38	**18**	19	20	21	22	23	24
39	**25**	26	27	28	29	30	

OCTUBRE

Indispensable

Parte de la gracia
de la vida está
precisamente en eso:
correr riesgos.

HIPPIE

1 Sábado

Cuando las cosas están escritas,
no hay manera de evitarlas.

EL ALQUIMISTA

OCTUBRE

39							1
40	**2**	3	4	5	6	7	8
41	**9**	**10**	11	12	13	14	15
42	**16**	17	18	19	20	21	22
43	**23**	24	25	26	27	28	29
44	**30**	31					

2 | Domingo

3 | Lunes

4 | Martes

Junto con el nacimiento del amor, surgió
la necesidad de una respuesta al misterio
de la existencia.

ALEPH

OCTUBRE

30							1
40	**2**	3	4	5	6	7	8
41	**9**	**10**	11	12	13	14	15
42	**16**	17	18	19	20	21	22
43	**23**	24	25	26	27	28	29
44	**30**	31					

5 Miércoles

6 Jueves

7 | Viernes

8 | Sábado

Recibir es también un acto de amor. Permitir
que el otro nos haga feliz también lo hará feliz a él.

EL MANUSCRITO ENCONTRADO EN ACCRA

OCTUBRE

39							1
40	**2**	3	4	5	6	7	8
41	**9**	**10**	11	12	13	14	15
42	**16**	17	18	19	20	21	22
43	**23**	24	25	26	27	28	29
44	**30**	31					

9 | Domingo

10 | Lunes

11 | Martes

No es necesario mover las montañas
de lugar para probar la fe.

A ORILLAS DEL RÍO PIEDRA ME SENTÉ Y LLORÉ

39						1
40	**2**	3	4	5	6	7	8
41	**9**	**10**	11	12	13	14	15
42	**16**	17	18	19	20	21	22
43	**23**	24	25	26	27	28	29
44	**30**	31				

12 | Miércoles

13 | Jueves

14 Viernes

15 Sábado

Si empiezas por prometer lo que aún no tienes,
perderás tu voluntad para conseguirlo.

EL ALQUIMISTA

39						1
40	**2**	3	4	5	6	7	8
41	**9**	**10**	11	12	13	14	15
42	**16**	17	18	19	20	21	22
43	**23**	24	25	26	27	28	29
44	**30**	31					

16 Domingo

17 Lunes

18 Martes

Tengo que correr riesgos. No tengo
que tener miedo de la derrota.

BRIDA

39						1
40	**2**	3	4	5	6	7	8
41	**9**	**10**	11	12	13	14	15
42	**16**	17	18	19	20	21	22
43	**23**	24	25	26	27	28	29
44	**30**	31					

19 | Miércoles

20 | Jueves

21 Viernes

22 Sábado

Un reino dividido no resiste
las embestidas del adversario.

A ORILLAS DEL RÍO PIEDRA ME SENTÉ Y LLORÉ

OCTUBRE

39							1
40	**2**	3	4	5	6	7	8
41	**9**	**10**	11	12	13	14	15
42	**16**	17	18	19	20	21	22
43	**23**	24	25	26	27	28	29
44	**30**	31					

23 | Domingo

24 Lunes

25 Martes

Siempre había sido una guerrera, afrontando
mis batallas sin amargura; forman parte de la vida.

LA ESPÍA

OCTUBRE

39						1
40	**2**	3	4	5	6	7	8
41	**9**	**10**	11	12	13	14	15
42	**16**	17	18	19	20	21	22
43	**23**	24	25	26	27	28	29
44	**30**	31				

26 | Miércoles

27 | Jueves

28 Viernes

29 Sábado

Cuando atrasamos la cosecha,
los frutos se pudren.

LA QUINTA MONTAÑA

OCTUBRE

39						1
40	**2**	3	4	5	6	7	8
41	**9**	**10**	11	12	13	14	15
42	**16**	17	18	19	20	21	22
43	**23**	24	25	26	27	28	29
44	**30**	31				

30 | Domingo

31 Lunes

Quiero ser capaz de aceptarme como soy.
Una persona que camina, que siente, que habla como cualquier
otra, pero que a pesar de sus defectos tiene coraje.

EL MANUSCRITO ENCONTRADO EN ACCRA

39							1
40	**2**	3	4	5	6	7	8
41	**9**	**10**	11	12	13	14	15
42	**16**	17	18	19	20	21	22
43	**23**	24	25	26	27	28	29
44	**30**	31					

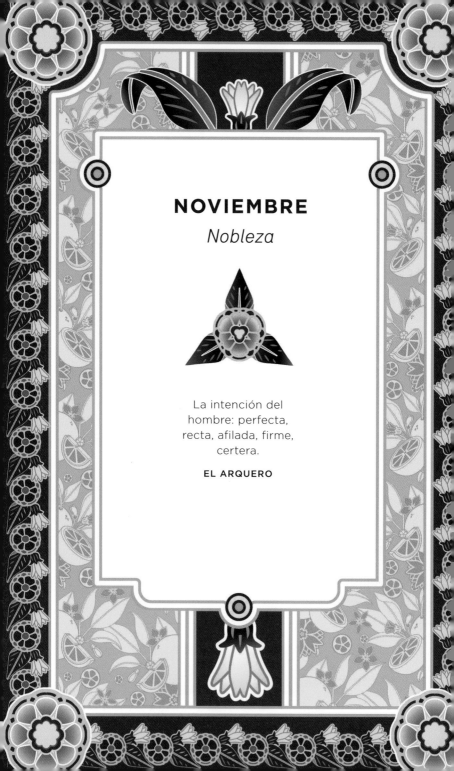

NOVIEMBRE

Nobleza

La intención del
hombre: perfecta,
recta, afilada, firme,
certera.

EL ARQUERO

1 Martes

La única forma de saber cuál es la decisión
correcta es sabiendo cuál es la decisión errada.

EL PEREGRINO DE COMPOSTELA

NOVIEMBRE

44			1	2	3	4	5
45	**6**	7	8	9	10	**11**	12
46	**13**	14	15	16	17	18	19
47	**20**	21	22	23	**24**	25	26
48	**27**	28	29	30			

2 | Miércoles

3 | Jueves

4 Viernes

5 Sábado

Cuando un hombre nota que su alma
no está contenta, no pide consejos; toma las decisiones
necesarias para preservar su camino en esta vida.

MAKTUB

NOVIEMBRE

44		1	2	3	4	5
45	**6**	7	8	9	10	**11**	12
46	**13**	14	15	16	17	18	19
47	**20**	21	22	23	**24**	25	26
48	**27**	28	29	30		

6 Domingo

7 | Lunes

8 | Martes

La libertad: sentir lo que su corazón deseaba,
independientemente de la opinión de los otros.

LA QUINTA MONTAÑA

Semana 45

44		1	2	3	4	5
45	**6**	7	8	9	10	**11**	12
46	**13**	14	15	16	17	18	19
47	**20**	21	22	23	**24**	25	26
48	**27**	28	29	30		

9 | Miércoles

10 | Jueves

11 Viernes

12 Sábado

El don es una gracia. Pero también
es una gracia llevar una vida de dignidad,
de amor al prójimo y de trabajo.

A ORILLAS DEL RÍO PIEDRA ME SENTÉ Y LLORÉ

NOVIEMBRE

44		1	2	3	4	5
45	**6**	7	8	9	10	**11**	12
46	**13**	14	15	16	17	18	19
47	**20**	21	22	23	**24**	25	26
48	**27**	28	29	30			

13 | Domingo

14 Lunes

15 Martes

Guerrear es un acto de amor. El Enemigo
nos ayuda a desarrollarnos y nos perfecciona.

EL PEREGRINO DE COMPOSTELA

NOVIEMBRE

44		1	2	3	4	5
45	**6**	7	8	9	10	**11**	12
46	**13**	14	15	16	17	18	19
47	**20**	21	22	23	**24**	25	26
48	**27**	28	29	30		

16 | Miércoles

17 | Jueves

18 Viernes

19 Sábado

El universo siempre nos ayuda a luchar
por nuestros sueños, por locos que parezcan.

A ORILLAS DEL RÍO PIEDRA ME SENTÉ Y LLORÉ

Semana 47

44			1	2	3	4	5
45	**6**	7	8	9	10	**11**	12
46	**13**	14	15	16	17	18	19
47	**20**	21	22	23	**24**	25	26
48	**27**	28	29	30			

20 | Domingo

21 Lunes

22 Martes

Cada camino es único, y cada destino es personal.

LA BRUJA DE PORTOBELLO

NOVIEMBRE

44		1	2	3	4	5
45	**6**	7	8	9	10	**11**	12
46	**13**	14	15	16	17	18	19
47	**20**	21	22	23	**24**	25	26
48	**27**	28	29	30			

23 | Miércoles

24 | Jueves

25 Viernes

26 Sábado

Aprendí con las cosas más simples
y más inesperadas, como las historias
que los padres les cuentan a sus hijos.

HIPPIE

NOVIEMBRE

44			1	2	3	4	5
45	**6**	7	8	9	10	**11**	12
46	**13**	14	15	16	17	18	19
47	**20**	21	22	23	**24**	25	26
48	**27**	28	29	30			

27 | Domingo

28 | Lunes

29 | Martes

El peor de los sufrimientos
es no saber qué decisión tomar.

A ORILLAS DEL RÍO PIEDRA ME SENTÉ Y LLORÉ

NOVIEMBRE

44		1	2	3	4	5
45	**6**	7	8	9	10	**11**	12
46	**13**	14	15	16	17	18	19
47	**20**	21	22	23	**24**	25	26
48	**27**	28	29	30		

30 | Miércoles

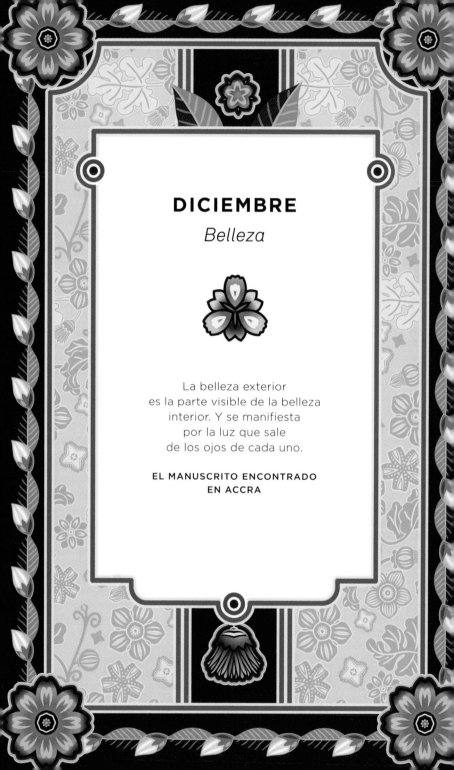

DICIEMBRE

Belleza

La belleza exterior
es la parte visible de la belleza
interior. Y se manifiesta
por la luz que sale
de los ojos de cada uno.

**EL MANUSCRITO ENCONTRADO
EN ACCRA**

La elegancia no es algo superficial, sino
la manera que encontró el hombre para honrar
la vida y el trabajo.

EL ARQUERO

Semana 48

48					1	2	3
49	**4**	5	6	7	8	9	10
50	**11**	12	13	14	15	16	17
51	**18**	19	20	21	22	23	24
52	**25**	26	27	28	29	30	31

1 Jueves

2 Viernes

3 Sábado

Cuanto más simple y más sobria es la postura,
más bella será ésta.

LA BRUJA DE PORTOBELLO

DICIEMBRE

48					1	2	3
49	**4**	5	6	7	8	9	10
50	**11**	12	13	14	15	16	17
51	**18**	19	20	21	22	23	24
52	**25**	26	27	28	29	30	31

4 | Domingo

5 | Lunes

6 | Martes

El mundo es un espejo y devuelve a cada
hombre el reflejo de su propio rostro.

MANUAL DEL GUERRERO DE LA LUZ

DICIEMBRE

48					1	2	3
49	**4**	5	6	7	8	9	10
50	**11**	12	13	14	15	16	17
51	**18**	19	20	21	22	23	24
52	**25**	26	27	28	29	30	31

7 Miércoles

8 Jueves

9 Viernes

10 Sábado

En los momentos en que la soledad parece
menoscabar toda la belleza, la única forma
de resistir es seguir abierto.

COMO EL RÍO QUE FLUYE

DICIEMBRE

48				1	2	3
49	**4**	5	6	7	8	9	10
50	**11**	12	13	14	15	16	17
51	**18**	19	20	21	22	23	24
52	**25**	26	27	28	29	30	31

11 | Domingo

12 Lunes

13 Martes

La elegancia es la postura más adecuada
para que la escritura sea perfecta.
En la vida también es así.

LA BRUJA DE PORTOBELLO

Semana 50

—

DICIEMBRE

						1	2	3
48								
49	**4**	5	6	7	8	9	10
50	**11**	12	13	14	15	16	17
51	**18**	19	20	21	22	23	24
52	**25**	26	27	28	29	30	31

14 Miércoles

15 Jueves

16 | Viernes

17 | Sábado

Si es capaz de ver lo bello, es porque
trae la belleza dentro de sí.

MANUAL DEL GUERRERO DE LA LUZ

DICIEMBRE

					1	2	3
48							
49	**4**	5	6	7	8	9	10
50	**11**	12	13	14	15	16	17
51	**18**	19	20	21	22	23	24
52	**25**	26	27	28	29	30	31

18 | Domingo

19 Lunes

20 Martes

No se puede juzgar la belleza de un camino
mirando sólo el comienzo.

COMO EL RÍO QUE FLUYE

DICIEMBRE

21 | Miércoles

22 | Jueves

23 Viernes

24 Sábado

Y la felicidad es algo que se multiplica
cuando se divide.

A ORILLAS DEL RÍO PIEDRA ME SENTÉ Y LLORÉ

DICIEMBRE

					1	2	3
48							
49	**4**	5	6	7	8	9	10
50	**11**	12	13	14	15	16	17
51	**18**	19	20	21	22	23	24
52	**25**	26	27	28	29	30	31

25 | Domingo

26 Lunes

27 Martes

No hay nada de malo en hacer cosas simples.

LA BRUJA DE PORTOBELLO

DICIEMBRE

48				1	2	3
49	**4**	5	6	7	8	9	10
50	**11**	12	13	14	15	16	17
51	**18**	19	20	21	22	23	24
52	**25**	26	27	28	29	30	31

28 | Miércoles

29 | Jueves

30 | Viernes

31 | Sábado

Lo bello no reside en la igualdad,
sino en la diferencia.

EL MANUSCRITO ENCONTRADO EN ACCRA

Semana 52

48				1	2	3
49	**4**	5	6	7	8	9	10
50	**11**	12	13	14	15	16	17
51	**18**	19	20	21	22	23	24
52	**25**	26	27	28	29	30	31